Teresa-Maria Sura

Das kleine Handbuch
der rohköstlich gesunden

Torten, Kuchen
und Kekse

Schirner
Verlag

ISBN 978-3-8434-5027-0

Teresa-Maria Sura:
Das kleine Handbuch der rohköstlich
gesunden Torten, Kuchen und Kekse
© 2011 Schirner Verlag, Darmstadt

Umschlag: Murat Karaçay, Schirner
Satz: Arne Gutowski, Schirner
Redaktion: Rudolf Garski, Schirner
Printed by: OURDASdruckt!, Celle, Germany

www.schirner.com

1. Auflage 2011

Inhalt

Die Rezepte

Vorwort

Kann denn Süßes Sünde sein? Nicht wenn es sich um die roh-köstlichen Torten, Kuchen und Kekse von Teresa-Maria Sura handelt, die voller Lebens- und Lichtenergie stecken. Dann wäre es eine Sünde, sie nicht zu kosten.

Es ist das Schöne und zugleich Besondere an Rohkost-Kuchen, dass man im Handumdrehen die tollsten gesunden Kreationen herstellen kann. Mal mit mehr, mal mit weniger Aufwand – und mit ein paar Tricks – werden von der Rohkost-Künstlerin Teresa-Maria die Papaya-Ananas-Torte »Glücksmoment« oder die verführerische Schokoladen-Kokos-Rolle »Shangrila« herge-stellt. Aber nur Mut, auch Sie, liebe Leserin und lieber Leser, können diese Leckereien ohne Weiteres in der eigenen Küche zubereiten, weil Ihnen von der Autorin zu jedem Rezept eine ausführliche Erklärung und auch der eine oder andere Tipp mitgegeben werden.

Nelly Reinle-Carayon

Autorin von »RohKöstlich« und
»RohKöstlich ... aus Frankreich«,
Veranstalterin der Vitalkostmesse »Rohvolution«

Liebe Leserin, lieber Leser,

Sie halten gerade mein drittes Buch in Ihren Händen und ich hoffe, dass es Ihnen eine große Inspiration sein wird und dass Sie anschließend ebenso begeistert rohköstliche Kuchen, Torten oder Kekse zubereiten werden, wie ich es tue.

Ich war früher nie eine große Freundin von Kuchen oder Süßigkeiten. Insbesondere Kuchen und Gebäck waren mir meist viel zu süß, und selbst wenn sie mir schmeckten, bereute ich es kurz danach bereits, weil mein Bauch zu grummeln anfing.

Als ich dann bei meiner Entdeckungsreise durch die Welt der Rohkost auf die Rohkost-Kuchen gestoßen bin, war es für mich die reinste Offenbarung. Auf diese Weise konnte und kann ich nun große und kleine Gäste, die Süßes lieben, verwöhnen – und ich bin sogar selbst auf den Geschmack gekommen.

Das Geniale ist, dass man die meisten Kuchen sogar ohne Dörrgerät zubereiten kann. Eine simple Küchenmaschine oder ein Pürierstab reichen schon aus, um loslegen zu können.

Ich will Ihnen im vorliegenden Buch eine Auswahl an Möglichkeiten vorstellen, auf deren Grundlagen Sie schier endlos variieren können. Ich habe mich bemüht, die Rezepte einfach zu halten, damit jeder mit geringem Aufwand und einfachen Mitteln echte Erfolgserlebnisse erzielen kann.

Ich glaube, Sie werden ebenso wie ich im Nu begeistert sein, und Ihre Gäste werden aus dem Staunen nicht mehr herauskommen – und das anschließende Gefühl im Bauch ist einfach gut.

Ich muss zu meiner eigenen Überraschung feststellen, dass speziell der Bereich Kuchen, Desserts und süße Naschereien mich so sehr mit Begeisterung erfasst hat, dass ich bereits jetzt im Geiste ein großes Buch ausschließlich zu diesem Thema plane. Ich freue mich auf dieses Projekt!

Nun wünsche ich Ihnen viel Freude mit diesem kleinen Handbuch und höchsten Genuss beim Verspeisen Ihrer ersten Resultate!

Ihre

Teresa-Maria Sura

Rohköstliche Torten, Kuchen & Kekse – traumhaft schön, gesund und absolut köstlich!

Für mich haben sich mit dem Zubereiten von rohköstlichen Torten, Kuchen, Keksen und Desserts Tore zu einer schier endlosen Vielfalt an kreativen Möglichkeiten geöffnet. Ich wünsche Ihnen, dass es Ihnen ähnlich ergehen wird.
Aus jeder Idee entstehen zahllose neue Ideen. Lassen Sie sich von Ihrer Intuition, Ihrer Freude und dem konkreten Tun leiten. Sie werden rasch feststellen, dass nicht nur das Betrachten und Verspeisen der fertigen Kreationen enorme Freude bereitet, sondern schon die Vorbereitungen und das Herstellen.

Wir haben es hier mit frischen, vitalen und vor allem wunderschönen Zutaten zu tun. Über das Betrachten, das Anfassen, das Riechen und Schmecken werden alle unsere Sinne angeregt.

Warum ich diese Art von Torten, Kuchen und Kekse als gesund bezeichne? Sie sind meiner Meinung nach deshalb gesunde Süßigkeiten, weil es sich um unverfälschte Naturprodukte handelt. Die Zutaten besitzen ein Maximum an Vitalwert. Ihre Inhaltsstoffe stehen unverändert und nahezu immer in ihrer Urform zur Verfügung. Es sind natürliche und somit leichter verdauliche Fette, die zum Einsatz kommen, wenn Sie Ölsaaten, Nüsse oder Zutaten wie z. B. Kokosfett, Kakaobutter oder Avocado verwenden. Neuesten Erkenntnissen zufolge ist besonders Kokosfett äußerst gesund für den Organismus.

Auch kommen bei der Zubereitung von Rohkostprodukten keine gehärteten Fette, raffinierten Zucker, künstlichen Aromastoffe oder Weißmehle zum Einsatz. Nahezu alle Rezepte sind glutenfrei und deshalb für Menschen, die glutenhaltige Nahrungsmittel meiden müssen und dadurch eine starke Einschränkung erfahren, eine echte Bereicherung.

Darüber hinaus sind die meisten Rezepte selbstverständlich hervorragend für Veganer geeignet. Wann immer ich Honig zum Einsatz bringe, biete ich auch eine vegane Alternative an. Da es auch zahlreiche Menschen gibt, die auf bestimmte Nüsse allergisch reagieren, können Sie bei fast allen Rezepten Nüsse wie beispielsweise Haselnüsse durch Mandeln ersetzen. Dadurch ergibt sich dann natürlich eine leichte geschmackliche Veränderung, die aber in keiner Weise von Nachteil ist. Die hier vorgestellten Kuchenrezepte sind also äußerst flexibel.

Die Zubereitung der meisten Torten geht denkbar leicht und schnell. Und das Ergebnis lässt sich immer sehen. Sie werden viele Rezepte finden, die auch ohne Dörrgerät umgesetzt werden können bzw. beide Optionen anbieten.

Weil der Raum in diesem kleinen Buch begrenzt ist, versuche ich vor allem, Ihnen genügend Grundinformation zukommen zu lassen, damit Sie rasch in der Lage sein werden, auf dieser Basis Ihre eigenen Kreationen zu verwirklichen.

Wie ich in meinen bereits erschienenen Büchern teils ausführlich erklärt habe, stehen und fallen die Qualität und das Ergebnis mit der Hochwertigkeit und Reinheit der Zutaten.
Und die innere Haltung, in der wir die Zubereitung angehen, spielt eine Rolle. Freude, Wertschätzung und Liebe sind meiner Meinung nach die wichtigsten Zutaten. Deshalb werden Sie wie gewohnt in jedem der folgenden Rezepte Zutaten wie »eine Portion Liebe und Leidenschaft« vorfinden.

Küchenausrüstung, Zubehör und gute Helfer bei der Herstellung von Torten, Kuchen & Keksen

Küchenwerkzeuge und Hilfsmittel

- ein gutes großes sowie mehrere kleine Schneidebretter
- scharfe Messer in verschiedenen Größen
- Sparschäler, am besten in verschiedenen Größen
- verschiedene Schüsseln und Siebe
- Silikonschaber in verschiedenen Größen
- gut verschließbare Gefäße
- Dekorierwerkzeuge wie Zestenschneider, Ausstecherformen, Garnierringe, Kugelstecher, Eisportionierlöffel
- Kuchen- und Tarteformen mit herausnehmbaren Böden
- Torten- und Kuchen-Servierplatten
- ein feines Teesieb für pudrige Dekorationen
- Spritztülle
- Palette zum Glattstreichen von Cremes
- Zitruspresse, Muskatreibe, Reibe für Zitrusschalen

Elektrogeräte

❖ einen leistungsstarker Standmixer zur Herstellung von Cremes und feinen Teigmassen (optimalerweise ein Vitamix, alternativ für das kleinere Budget ein Miniblender oder ein Zauberstab mit Mixbecher)

❖ eine leistungstarke Küchenmaschine mit Häckselfunktion

❖ ein kleiner Multizerkleinerer ist für die Herstellung kleinerer Teig- oder Zutatenmengen sehr nützlich

❖ praktisch ist auch ein kleiner »Blender«, um »mal schnell« Nüsse zu zerkleinern oder kleinere Mengen zu pürieren

❖ ein Dörrgerät, das für Rohkost geeignet ist

Eine gute Küchenausrüstung ist das A und O für ein freudvolles und befriedigendes Arbeiten in der Küche.

Im Folgenden werde ich auf die verschiedenen Geräte und Werkzeuge eingehen und kurze Erläuterungen dazu geben.

Wenn Sie meine anderen Bücher bereits kennen, werden Sie das eine oder andere wiedererkennen. Diese Passagen können Sie gern überfliegen, denn sie richten sich insbesondere an die neuen Lesern.

Schneidebretter

Ein gutes, großes und solides Holzbrett ist für mich unentbehrlich. Mein großes Brett ist eines aus Bambusholz, und darauf zu arbeiten liebe ich sehr.

Gleichzeitig habe ich eine Vielzahl von kleinen Brettchen, einige davon aus hartem Kunststoff, die gut abwaschbar sind und keine Gerüche annehmen.

Achten Sie beim Schneiden von Obst darauf, wirklich geruchsneutrale und hygienisch einwandfreie Bretter zu verwenden.

Messer, Sparschäler

Scharfe gute Messer sind ebenfalls unentbehrlich. Ich benutze bevorzugt Keramikmesser in verschiedenen Größen. Ebenfalls nützlich ist ein gutes Tomatenmesser (das ist ein Messertyp mit scharfem Wellenschliff), damit können Sie auch Obstsorten mit sehr glatter Oberfläche schneiden sowie Schalen leicht entfernen. Neben einem normalen Sparschäler besitze ich noch einen extrabreiten Sparschäler mit Keramikklinge. Er leistet mir hervorragende Dienste beim Schälen von Früchten wie Mango oder Papaya.

Dekorationswerkzeuge

Ein gutes Sortiment von Ausstechern, Garnierwerkzeugen, Garnierringen etc. gibt Ihnen die Möglichkeit, spontan und sehr einfach schönste Kreationen zu verwirklichen. Einfach und wirkungsvoll lassen sich mit einer Spritztülle Dekorationen verwirklichen oder formschöne Kekse auf die Dörrschubladen setzen. Eine oder mehrere Paletten in verschiedenen Größen sind ebenfalls sinnvoll, um Kuchenböden auf einen Kuchenteller zu transferieren oder eine Oberfläche schön glatt zu streichen.

(Ein oder zwei) Teesiebe eignen sich hervorragend, um fein und klumpenfrei Kakao- oder Kokosstaub auf einen Kuchen zu streuen.

Kuchenformen

Selbstverständlich gehört eine gute Auswahl an Kuchenformen, vor allem Tarteformen, zur Ausstattung, wobei man am Anfang auch durchaus ohne die Letzteren schon gute Ergebnisse erzielen kann. Wenn Sie sich neue Formen anschaffen oder Ihre Ausrüstung erweitern, so rate ich Ihnen dazu, unbedingt Formen mit herausnehmbaren Böden zu wählen. Diese ermöglichen ein einfaches Arbeiten mit raschen Erfolgserlebnissen.

Vitamix – Hochleistungsstandmixer

Ich verwende bevorzugt den Vitamix. Er ermöglicht es mir, verschiedenste Zutaten in kürzester Zeit und somit sehr schonend zu pürieren. Aber auch einfache Standmixer oder der Thermomix sind gut geeignet.

Bei schwächeren Geräten sollten Sie darauf achten, dass Sie die Zutaten möglichst klein schneiden, um die Mix- oder Pürierzeit zu verkürzen.

Der Vitamix schafft es aufgrund seiner enormen Leistungsfähigkeit blitzschnell und ohne Qualitätsverluste, eine sehr cremige und faserfreie Konsistenz zu erzeugen. Auch härtere Zutaten wie Datteln püriert er rasch so fein, dass keine spürbaren Schalenpartikel mehr übrig bleiben.

Küchenmaschine und Multizerkleinerer

Diese Geräte häckseln Zutaten, die noch eine gewisse Körnigkeit behalten sollen, blitzschnell. Sie sind z. B. für Kuchenteige von großem Nutzen.

Und wenn Sie einmal nur eine kleine Menge Kuchenteig zubereiten wollen, so werden Sie meiner Meinung nach sehr gut mit einem Multizerkleinerer auskommen.

Wollen Sie jedoch regelmäßig größere Mengen Kuchen herstellen, wird es sich für Sie lohnen, sich eine Küchenmaschine mit Häckselfunktion anzuschaffen.

In einem Standmixer kann es Ihnen leicht passieren, dass ein Teil des Teiges unten im Mixbecher verklumpt und zu kompakt wird. Die Schneiden einer Küchenmaschine oder eines Multizerkleinerers haben eine breitere Klinge und die Gefäße die entsprechende Breite. So lässt sich die Teigmasse besser durchmischen und gleichmäßig zerkleinern.

Mini-Blender

Mit meinem Mini-Blender stelle ich in meinem Küchenalltag im Handumdrehen Fruchtpürees oder kleinere Mengen Dattelpaste usw. her oder hacke »mal eben« ein paar Nüsse oder Kerne. Hervorragend eignet sich der kleine Blender auch, um selbst getrocknete Zitronen- oder Orangenschalen zu pulverisieren oder um Blütenzuckerstaub herzustellen.

Das Gerät lässt sich schnell und leicht unter fließendem Wasser reinigen und ist die perfekte Ergänzung zu den großen Geräten.

Dörrgerät

Ein Dörrgerät, bei dem sich die Temperatur individuell regeln lässt, ist nahezu ein Muss, wenn Sie wirklich regelmäßig und vielseitig im Bereich Rohkost aktiv werden wollen. Die optimale Temperatur zum Trocknen von Lebensmitteln liegt bei maximal 43° C.

Sicher gibt es zahlreiche Gerichte, die Sie auch ohne ein Dörrgerät zaubern können. Doch wenn Sie Kekse, knusprige Kuchenböden oder Fruchtleder herstellen wollen, so kommen Sie nicht drum herum. Mein Dörrgerät ist nahezu immer im Einsatz. Vor allem im Sommer, wenn es zahlreiche Früchte zu ernten gibt, stelle ich verschiedenste Fruchtleder her.

Mittlerweile arbeite ich mit zwei verschiedenen, guten Geräten, die unterschiedliche Qualitäten aufweisen: Der Sedona, ein neueres Modell, mit dem ich erst seit einiger Zeit arbeite, ist sehr leise, und seine Betriebszeit lässt sich mit einer Zeitschaltuhr einstellen. Der Excalibur, mit dem ich schon seit vielen Jahren arbeite, ist zwar lauter, erzielt aber deutlich kürzere Trocknungszeiten.

Aufbewahrungsgefäße

Zur Aufbewahrung von sowohl Grundzutaten wie Nüssen, Saaten oder getrockneten Früchten als auch fertigen Produkten wie Fruchtledern, Rohkeksen oder Kuchenteigen rate ich  unbedingt zu Frischhalteboxen, die einen sogenannten Clipverschluss besitzen. Diese ermöglichen ein völlig luftdichtes Verschließen des Gefäßes und halten ungeliebte Lebensmittelmotten fern.

Diese Boxen findet man mittlerweile in nahezu jedem Supermarkt oder Geschäft für Haushaltswaren.

Dekorationshilfen

Sie sollten stets eine kleine Auswahl an klassischen Ausstechformen greifbar haben. Mithilfe der Ausstecher lassen sich aus Fruchtledern oder aus Obst schöne Motive ausstechen, die Sie zur Verzierung Ihrer Torten einsetzen können.

Größere Ausstecher in klassischen Formen wie Oval, Kreis,

 Quadrat etc. ermöglichen es Ihnen, formschöne Rohkekse zu zaubern. Garnierringe sind ebenfalls praktische Helfer, um Rohkekse in eine schöne Form zu bringen oder um kleine Tortenböden herzustellen.

Nur das Beste ist gut genug!

Machen Sie keine Kompromisse bei der Auswahl der Zutaten: Nur wirklich gute Produkte ergeben hervorragende Ergebnisse! Ich rate Ihnen unbedingt dazu, Bio-Produkte zu wählen, beziehungsweise Produkte, deren Herkunft für Sie vertrauenswürdig ist, die sehr rein (frei von Schadstoffen) sind und der Qualität von Bio-Produkten entsprechen. Auf lokalen Wochenmärkten finden Sie häufig Anbieter, die auf höchstem Niveau anbauen und ausgezeichnete Qualität anbieten, sich jedoch keine Bio-Zertifizierung leisten können.

In meinen Rezepten weise ich bei den einzelnen Zutaten nicht mehr ausdrücklich auf Bio-Qualität hin: Ich gehe automatisch davon aus, insbesondere wenn es um die Verwendung von Schalen geht, wie etwa Zitronen- oder Orangenschalen.

Ihr Körper wird Ihnen Kompromisslosigkeit beim Einkauf danken. Ihr Gaumen auch, denn Früchte, die rein, also frei von Pestiziden oder künstlichen Düngemitteln angebaut werden, sind nicht nur der Gesundheit zuträglicher, sie schmecken auch einfach besser.

Wertschätzung und Dankbarkeit zahlen sich für alle aus, öffnen die Herzen und kreieren Freude!

Unterstützen und wertschätzen Sie mit dem Kauf von besten Produkten – neben den Vorteilen, die das für Sie selbst mit sich bringt – auch die Menschen und Betriebe, die mit ihrer Arbeit und ihrem Einsatz dafür Sorge tragen, dass wir in einer Zeit zunehmender Umweltbelastung noch in der glücklichen Lage sind, reine und hochwertige Produkte kaufen zu können. Würdigen Sie dies auch, indem Sie bereit sind, einen höheren, den Herstellern gegenüber fairen Preis zu zahlen.

Darüber hinaus muss Qualität nicht immer gleich sehr teuer sein. Es gibt wunderbare Obst- und Gemüsesorten, welche es durchaus preiswert zu kaufen gibt, besonders wenn sie Saison haben.

Kaufen und verwenden Sie möglichst nur ausgereiftes Obst und Gemüse. Wählen Sie ihre Zutaten mit Liebe und Bedacht aus, denn hier beginnt bereits die Alchemie der Nahrungszubereitung.

Achten Sie auch beim Wasser auf reinste Qualität

Verwenden Sie am besten Quellwasser oder gefiltertes Wasser. Ich selbst gebrauche Wasser, das ich mithilfe eines Wasser-Ionisierers filtere. Dadurch wird es nicht nur auf ein sehr reines Niveau gefiltert, es bekommt auch noch die hervorragende Eigenschaft, basisch zu sein und somit den Körper sanft bei der Entgiftung und täglichen Ausleitung von Schlacken zu unterstützen.

Ein weiterer, sehr angenehmer Nebeneffekt dieses Wassers ist, dass es äußerst schmackhaft ist und sich sehr leicht trinken lässt. Daher wasche ich sogar alle meine Zutaten mit dem gefilterten, basischen Wasser oder weiche die Nüsse darin ein. Mittlerweile gibt es sogar für den kleineren Geldbeutel erschwingliche Tischfilter, mit deren Hilfe Sie sich Ihr tägliches basisches Wasser herstellen können.

Sollten Sie eine gute, für Reinheit bekannte Wasserquelle in erreichbarer Nähe haben, so holen Sie sich ihr Wasser dort. Solches Wasser ist immer besser als Leitungswasser, denn das wird – den gesetzlichen Vorschriften gemäß – verschiedenen chemischen Filterprozessen unterzogen.

Rohköstlichkeiten haben aufgrund ihres hohen Vitalstoffgehalts immer auch eine entschlackende Wirkung auf unseren

Körper. Achten Sie also darauf, dass sie regelmäßig genug trinken. Wenn Sie gedörrte Fruchtleder oder Kekse essen, so benötigt der Körper auch mehr Flüssigkeit.

Mehr zum Thema Wasser finden Sie auch in meinem Buch Rohköstliche Gourmet-Rezepte für Genießer.

Mein Tipp: Stellen Sie sich eine Zeitschaltuhr auf einen stündlichen Rhythmus ein, um sich an das Trinken eines Glases Wasser erinnern zu lassen. Mir gelingt es auf diese Weise hervorragend, viel zu trinken.

Die am häufigsten verwendeten und wichtigsten Zutaten

In diesem kleinen Handbuch muss ich mich aus Platzgründen eher knapp fassen. Daher lade ich Sie herzlich ein, ab und zu einen Blick auf meine Website www.taste-of-love.de zu werfen. Dort veröffentliche ich regelmäßig aktuelle Hinweise und stelle zu verschiedenen Themen detaillierte Informationen bereit. Ebenso liste ich dort eine große Auswahl an Online-Anbietern und Bezugsquellen rund um das Thema Rohkost bzw. hochwertige Vital- und Biokost auf.

Grundsätzlich gehe ich bei meinen Rezepten immer von der Rohform einer Zutat aus, also von Rohkostqualität. Das heißt, es hat keine Erwärmung stattgefunden, die 43° C überschreitet. Aktuell ist noch nicht jede Zutat im Handel in Rohkostqualität erhältlich, doch die Auswahl wird zunehmend größer. Rohkostprodukte werden immer ausdrücklich als solche deklariert. Erfreulicherweise gibt es inzwischen zahlreiche spezialisierte Internetanbieter, die sich der Rohkostqualität widmen.

Nüsse, Kerne, Saaten, Quinoa, Amarant und Buchweizen

Diese Lebensmittel spielen im Bereich der Kuchen eine wichtige Rolle. Sie haben hohe Nährwerte, einige enthalten reichlich hochwertige Proteine, verschiedenste Vitamine, Mineralstoffe sowie hochwertige Kohlenhydrate.

Nuss- und Kernsorten wie Cashewkerne, Haselnüsse, Paranüsse, Walnüsse, Pinienkerne, Zedernkerne, Kürbiskerne, Pekannüsse, Macadamianüsse und vor allem auch Mandeln finden vielseitig für Kuchenteige und Kekse Verwendung, ebenso Saaten wie beispielsweise Leinsaat, Hanfsamen und Sesam. Ebenfalls eine echte Bereicherung an Geschmack und Textur stellen Quinoa, Amarant und Buchweizen dar.

Alle bisher genannten Zutaten gelten als »glutenfrei«.

Bei Nüssen und Saaten ist es aufgrund ihres hohen Fettanteils wichtig, dass sie in luftdichten Behältern aufbewahrt werden. Auch hier sind die Clipverschlussbehälter am besten geeignet, da Motten eine große Liebe für Nüsse hegen. Nüsse sollten darüber hinaus kühl und vor Licht geschützt aufbewahrt werden.

Die meisten Nüsse und Kerne (mit der Ausnahme von Macadamianüssen, Zedernüssen oder Pinienkernen) sollten vor ihrer Verwendung immer einige Stunden lang eingeweicht

werden, optimalerweise über Nacht, also mindestens 6 Stunden lang.

Das Einweichen macht die Nüsse leichter verdaulich und meiner persönlichen Meinung nach auch schmackhafter. Cashewkerne habe ich früher gern genascht, doch nie sonderlich gut vertragen. Seitdem ich sie einweichen lasse (mitunter bis zu 18 Stunden lang), vertrage ich sie hervorragend.

Beim Einweichen werden wachstumshemmende Enzyme ausgeschwemmt und die Nuss wird keimfähig. Einmal steckten wir ein paar eingeweichte Erdnusskerne in Pflanzenerde. Mittlerweile sind die wunderhübschen Pflänzchen zu meiner Freude fast 50 cm hoch!

Eingeweichte Nüsse sind, wenn man sie täglich mit frischem Wasser spült, bis zu eine Woche lang im Kühlschrank in einem luftdichten Gefäß haltbar.

Ich lege mir gerne von den am häufigsten benutzten Nüssen einen Vorrat an. Dazu weiche ich sie über Nacht ein, spüle sie gut durch und lasse sie anschließend im Dörr-gerät vollkommen trocknen. Sie müssen allerdings darauf achten, dass die Nüsse anschließend wirklich restlos trocken sind, sonst können sie im Aufbewahrungsgefäß schimmeln und der Verlust und die Enttäu-schung sind dann groß. Die also gründlich getrockneten Nüsse bewahren Sie am bes-ten in einem luftdichten Behältnis auf (wie normale Nüsse). Auf diese Weise stehen

sie Ihnen jederzeit zur Verfügung, wenn Sie ganz spontan etwas rasch zubereiten wollen.

Wenn Ihnen einmal ein Kuchenteig zu feucht geraten ist, können Sie aus den »vorbereiteten« Nüssen im Miniblender schnell ein trockenes Nussmehl herstellen und damit die Teig-masse binden und ihr mehr Festigkeit verleihen.

Von verschiedenen Nusssorten erhalten Sie auch rohes Nussmus im Handel. Ich habe stets Mandelmus, Haselnussmus und Cashewmus vorrätig. Diese verwende ich dann z.B. bei der Herstellung von Rohkeksen, Fruchtledern oder auch einmal einer Kuchencreme.

Quinoa, Amarant und Buchweizen sind sehr gute, gesunde und wertvolle Zutaten, mit deren Hilfe Sie Keksen eine angenehme Textur oder einen teils knusprigen Biss geben können. Buchweizen etwa liebe ich in Rohkeksen sehr in seiner ganzen Form.
In der Regel versuche ich, bei diesen Zutaten vorgekeimte Ware zu verwenden. Es gibt Anbieter, die gekeimtes Quinoa und Amarant, gekeimten Buchweizen und andere gekeimte Kerne in getrockneter Form anbieten. Wenn Sie die Zeit dafür haben, können und sollten Sie dies selbstverständlich selbst tun.

Süßungsmittel – Datteln, Rosinen, Aprikosen, Yaconsirup, Palmblütenzucker, Palmsaftzucker und Honig

Ich persönlich verwende Agavendicksaft nicht mehr. Sie können gern auf meiner Website nachlesen, weshalb. Andere Rohköstler verwenden Agavendicksaft jedoch noch. Ich denke, in moderaten Mengen schadet er sicher nicht, ich greife jedoch lieber zu einer stimmigen besseren Alternative.

Gerne verwende ich Datteln in Form von Dattelpaste. Dattelpaste lässt sich sehr einfach selbst herstellen: Entkernen Sie die Datteln und pürieren Sie sie mit gerade so viel Wasser glatt, dass eine dickflüssige, faserfreie Paste entsteht. Das geht zum Beispiel hervorragend und blitzschnell im Vitamix.

Die fertige Paste ist in einem gut verschlossenen Behälter etwa 1 Woche im Kühlschrank haltbar. Ich friere aber immer auch einen Vorrat im klassischen Eiswürfelbehälter ein.

Ebenso verfahre ich mit Rosinen. Hierbei bevorzuge ich grüne Rosinen, eine köstliche, fruchtig schmeckende Rosinensorte. Diese lasse ich einige Stunden lang einweichen und bereite dann genau wie mit den Datteln aus ihnen eine Paste zu. Solche süßen Pasten immer greifbar zu haben, ist eine gute Erleichterung im Alltag. Datteln und Rosinen sollten Sie nicht unbedingt in rauen Mengen konsumieren, denn sie haben einen hohen glykämischen Index. Das bedeutet, sie liefern uns bei Bedarf schnell Energie, lassen allerdings auch unseren Blutzuckerspiegel rasch ansteigen.

Rezept für Dattelpaste pur

6 Medjool-Datteln (vorher in Wasser einweichen lassen)
300–500 ml Wasser
eine große Portion Liebe und Fröhlichkeit

Pürieren Sie einfach alle Zutaten im Blender zu einer cremigen Paste.

Vanille-Variante

Geben Sie zu den eben aufgeführten Zutaten noch 1–2 ganze Bio-Vanilleschoten hinzu und pürieren Sie diese mit. Dann erhalten Sie eine wunderbar süße Vanille-Dattelpaste.

Rezept für Grüne-Rosinen-Paste

200 g grüne Rosinen
300 ml Wasser
eine große Portion Liebe und Lachen

Pürieren Sie einfach alle Zutaten im Blender zu einer cremigen Paste.

Getrocknete Aprikosen sind, wenn Sie sie einige Stunden lang einweichen gelassen haben, ebenfalls ein angenehmes und schmackhaftes Süßungsmittel. Sie finden bei mir häufig Anwendung in Kuchenteigen und Rohkeksen, weil sie ein sanftes fruchtig-süßes Aroma haben.

Roher Yaconsirup ist ein Rohkostprodukt, das als Süßungsmittel sicher nicht ganz preiswert ist, jedoch eine sehr gute Alternative darstellt. Er hat einen niedrigen glykämischen Index und sein Geschmack ist intensiv karamellig.

Ganz neu kennengelernt habe ich rohen Palmensaftzucker (»Raw Coconut Crystals«), von dem ich sehr angetan bin. Er ist glutenfrei, vegan und hat einen glykämischen Index von nur 35. Zudem ist roher Palmensaftzucker sehr rein in der Herstellung, äußerst schmackhaft und hat ein sanftes Karamellaroma.

Bereits in meinem Buch Rohköstliche Gourmet-Rezepte habe ich den Palmblütenzucker erwähnt. Auch er ist ein Süßungsmittel mit dem sehr niedrigen glykämischen Index von 35. Dieser Zucker ist zwar kein Rohkostprodukt, jedoch zeichnet er sich durch sein hohes antioxidatives Niveau aus.

Das letzte, allerdings nicht vegane Süßungsmittel, das ich hier aufführen will und persönlich sehr schätze, ist Honig, insbesondere der »aktive« Manuka-Honig aus Neuseeland. Für mich ist er mehr als nur ein Süßungsmittel. Er zählt für mich zu den Nahrungsergänzungsmitteln und ich setze ihn sehr gezielt ein. Er ist etwas Besonderes und Kostbares, und ich nutze ihn mit äußerster Wertschätzung.

Manuka-Honig zeichnet sich durch seine hohe antibakterielle Wirkung aus, die durch das in ihm enthaltene Methylglyoxal (MGO) bedingt wird. Näheres dazu finden Sie auf meiner Website: www.taste-of-love.de

Aromen

Das wohl bekannteste und zudem sehr häufig verwendete Aroma ist das der Vanille. Vanille verwende ich natürlich am liebsten in Form der Schoten. Sie können für sehr feine Speisen nur das Mark mit einem Löffel auskratzen oder aber im Blender z. B. eine gesamte Vanilleschote mit ca. 250 ml Wasser zu »flüssiger Vanille« verarbeiten. Dabei ist es wichtig, dass Sie die Schote ganz fein pürieren. Die »flüssige Vanille« können Sie, luftdicht verschlossen, einige Wochen lang im Kühlschrank aufbewahren und nach Bedarf nutzen.

Weitere Aromaträger sind Pulver der Orangen- oder der Zitronenschale. Vorzugsweise sollten Sie diese selbst zubereiten und immer auf Vorrat haben. Sie eignen sich hervorragend zum Aromatisieren, aber auch zum Dekorieren. Um Orangen- oder Zitronenpulver herzustellen, trocknen Sie ganz einfach die Schalen von Orangen bzw. Zitronen (ich verwende auch das Weiße der Früchte) im Dörrgerät durch und pulverisieren

sie anschließend im Blender. Wenn Sie das Pulver in einem luftdichten Behältnis oder Schraubverschlussglas aufbewahren, haben Sie auf diese Weise immer Ihre eigenen reinen Aromen greifbar.

Der Saft der Zitrone ist auch eine häufig verwendete Zutat. Manchmal reicht ein Spritzer aus, ich verwende aber auch gern einmal etwas mehr.

Bio-Rosenblüten oder -Lavendelblüten sind ebenfalls tolle Aromen. Wenn Sie die Blüten vollkommen trocknen, können Sie sie luftdicht aufbewahren und auch einmal für einen köstlichen Rosenblüten- bzw. Lavendelblütentee verwenden.

Im Blender können Sie diese Blüten auch direkt zu Blütenstaub pulverisieren oder gemeinsam mit Palmzucker zu Blütenzucker mixen. Diese Blütenpulver eignen sich z. B. wunderbar, um runde Pralinen darin zu wälzen.

Des Weiteren gehören Gewürze wie Zimt, Muskatnuss, Safran, Kardamom, Lemongras, Ingwer und auch Chili zu meinen bevorzugten Aromen für die Zubereitung von Süßem.

Eine winzige Prise Salz gehört in nahezu jedes meiner Rezepte. Das Salz dient dazu, den Geschmack abzurunden und im Mund möglichst viele Geschmacksrezeptoren anzuregen.

Roh-Kakao und Carob

Sowohl mit Roh-Kakao als auch mit Carob lassen sich zahlreiche himmlische Verführungen kreieren. Wichtig ist eine gute Qualität. Besonders bei Carob gibt es erstaunlich unterschiedliche Qualitäten und Geschmacksvarianten. Carob mag ich erst, seitdem ich eine Sorte in guter Qualität entdeckt habe, die mir auch schmeckt. Anfangs bezog ich daher meinen Carob aus England, doch mittlerweile habe ich auch hierzulande gute Bezugsquellen für sehr schmackhaften Carob entdeckt.

Roher Kakao erfreut sich in der rohköstlichen Küche großer Beliebtheit. Es gibt Rohköstler, die Kakao vollkommen ablehnen, weil er für sie wie Kaffee zu den »Suchtmitteln« zählt. Ich sehe das nicht so. Für mich gilt hierbei – wie bei nahezu allem–, dass etwas, das einen möglichst hohen Reinheitsgrad besitzt und in vernünftigem Maß genossen wird, durchaus in Ordnung ist. Ich liebe die Vielfalt und den Reichtum, den die Natur uns schenkt. Ich bin viel zu neugierig und experimentierfreudig, um mich durch Konzepte einengen zu lassen oder etwas auszugrenzen. Ich grenze nur das aus, was ich für mich persönlich als nicht gut erachte. Das muss aber nicht zwangsläufig für andere zutreffen. Meiner Meinung nach sollte Ernährung frei, freudvoll und flexibel sein – und nicht eine Art »Religion« mit engen oder gar dogmatischen Sichtweisen oder Regeln. Ein jeder muss für sich selbst Verantwortung übernehmen und sollte niemals blind anderen Konzepten nachfolgen.

Fette und Öle –
sie machen gleitfähig oder festigen

Mandel-, Kürbiskern-, Haselnuss-, Walnuss-, Kokos-, Hanf- oder Macadamiaöl verwende ich sehr gerne bei der Kuchenherstellung, um die Formen zu ölen. So lassen sich die rohen und in ihrer Struktur manchmal empfindlichen Teige sanft aus den Formen lösen. Sie sollten darauf achten, dass es kaltgepresste und reine Öle sind.

Kokosöl und Kakaobutter sind hervorragende Bindemittel, wenn man einer Creme Festigkeit verleihen möchte, doch auch zur Herstellung von Trüffeln sind sie hervorragend geeignet. Kokosöl verleiht den fertigen Speisen natürlich immer auch ein leichtes Kokosaroma. Wenn Sie das einmal nicht wünschen, so ist rohe Kakaobutter ein hervorragender Ersatz.
Ihre Festigkeit erhalten die Produkte, für die man Kokosöl oder Kakaobutter zum Binden verwendet hat, durch Kühlung.

Alternative Bindemittel

Wenn Sie gern einmal auf Nüsse oder Fette verzichten wollen und dennoch z. B. einem Obstpüree eine gute Festigkeit verleihen möchten, können Sie auch auf verschiedene andere Bindemittel zurückgreifen.
Flohsamen und Chiasamen sind sehr gut zum Eindicken von Flüssigkeiten geeignet und besitzen darüber hinaus auch sehr positive Eigenschaften für unsere Gesundheit.

Flohsamen kennen viele als Verdauungshilfe, denn sie sind sehr zuträglich für den Darm. Flohsamen ist geschmacksneutral und dickt ähnlich der Leinsaat Speisen sehr effektiv ein. Ebenso verhält es sich mit dem populär gewordenen Chiasamen.

Ein weiteres Bindemittel, das ich sehr schätze, ist das Weiße Irish Moss, eine Algenart. Ausführlichere Informationen dazu finden Sie auf meiner Website.

Powerfoods

Wunderbare Ergänzungen, vor allem auch, um Kuchen schön zu dekorieren, sie anzureichern und sie damit auch gleichzeitig hinsichtlich der Inhaltsstoffe noch mehr aufzuwerten, sind Gojibeeren, Cranberrys, Aronia, Acai, Lucuma, Berberitzenbeeren oder Maulbeeren, um nur einige zu nennen.

Früchte

Um die Liste meiner Zutaten abzuschließen, hier nun die Obstsorten, die ich sehr gerne verwende und mit deren Hilfe sich Rezepte auf verschiedenste Arten und Weisen zu wunderschön anzuschauenden und köstlich mundenden Kreationen transformieren lassen.

Wie immer gerate ich bei diesem Thema ins Schwärmen. Die Schönheit, die sich offenbart, wenn wir verschiedene Zutaten bewusst wahrnehmen, ist immer wieder überwältigend.

Ich verwende liebend gern unsere heimischen Obstsorten wie Äpfel, Birnen, Beeren in jeglicher Form, Pflaumen, Mirabellen, Pfirsiche, Kirschen, Aprikosen, Feigen oder auch Trauben – um nur einige zu nennen. Die vielen verschiedenen Melonensorten, die es gibt, sind eine Bereicherung für die Welt der Torten und Kuchen. Aus ihnen lassen sich schöne Motive ausstechen, um Kuchen zu dekorieren.

All diese wundervollen Zutaten sind in ihrer Schönheit, gerade so wie sie sind, herrliche Tortenbeläge. Aber auch in pürierter Form zur Creme, zum Rohkeks oder zum Fruchtleder weiterverarbeitet findet Obst vielseitige Anwendung.

Genauso sehr liebe ich die tropischen Köstlichkeiten, die uns heutzutage wie selbstverständlich zur Verfügung stehen. Junge Kokosnüsse sind eine wahre Delikatesse und sehr vielseitig, allerdings nicht ganz so preiswert. Sie können sie in guter Qualität über das Internet beziehen.

Bananen sind aus meiner Küche nicht wegzudenken. Reif müssen sie sein, also schon leichte braune Sprenkel auf der Schale haben, dann sind sie perfekt. Wenn Sie ein paar Bananen in diesem Reifezustand schälen und einfrieren, haben Sie auch dann immer »perfekte« Bananen greifbar, wenn einmal keine frischen zur Hand sind. Bananen sind gesund, köstlich und in der Rohkostküche unglaublich vielseitig anwendbar. Vor allem die kleinen wilden Bananen oder auch die im Bioladen erhältlichen Apfelbananen sind eine echte Delikatesse.

Eine Basiszutat, die ich immer vorrätig habe, sind Limetten und Zitronen. Sie sind ein Muss.

Ananas, Papaya, Mango, Passionsfrüchte, Guaven, Orangen, Mandarinen ... die Liste der von mir geschätzten Obstsorten könnte sich noch lange fortsetzen.

Grundsätzlich sollten die Früchte immer perfekt reif sein. Wenn ich eine reiche Ernte im Garten habe, so trockne ich meistens einen Teil im Dörrgerät, einen anderen Teil zerkleinere oder püriere ich sogar und friere ihn ein. So habe ich das ganz Jahr über gutes Obst verfügbar, aus dem ich Kekse oder Fruchtleder herstellen kann.

Dekorationstipps

Ich kann es Ihnen nur empfehlen und ans Herz legen: Nehmen Sie sich für das Dekorieren Zeit. Es öffnet einen inneren kreativen Raum und tut der Seele gut: Das Erfolgserlebnis beflügelt und bereitet sehr viel Freude.

Durch diesen schöpferischen Prozess arbeitet man automatisch viel Liebe und Freude in das Essen mit ein. Und das macht, davon bin ich felsenfest überzeugt, den gewissen Unterschied.

Es geht nicht darum, enorme Kunstwerke zu schaffen, es geht um die Freude am Tun. Die Kunstwerke entstehen dann ganz wie von allein, geradezu spielerisch.

Lassen Sie sich von den Zutaten inspirieren und führen. So mache ich es immer: Ich sehe die Schönheit eines Fruchtquerschnittes und die passende Idee folgt auf dem Fuße. Und kurz darauf kommt die nächste Idee hinzu.

Wie schon zuvor bei der Küchenausrüstung erwähnt, beeinflusst das vorhandene Material an Kuchenformen, Handwerkszeug, Kuchenplatten usw., wie vielfältig die Möglichkeiten einer schönen Präsentation sind. Doch auch mit simpelsten Mitteln können Sie schöne Ergebnisse zaubern.

Wenn Sie keine Springform oder Tarteform mit herausnehmbarem Boden haben, so können Sie den Kuchenteig auch gut direkt auf den Kuchenteller modellieren. Schon durch bloßes Modellieren können Sie einen schönen Rand kreieren.

Obsttorten eigenen sich fantastisch als Dekorationsspielwiese. Eine Sternfrucht in Scheiben geschnitten ist schon Verzierung genug. Aber auch fein gehobelte Ananasscheiben oder Kiwischeiben sind malerische Dekorationselemente.

Auch die Anordnung der einzelnen Obstsorten bewirkt sehr viel. Immer sehr schön und harmonisch wirken auf Kuchen mandalaähnliche Strukturen.

Weitere zauberhafte und leicht handhabbare Dekorationen sind essbare Blüten und Blätter, z.B. von verschiedenen Minzesorten, Melisse oder Fruchtsalbei. Mittlerweile gibt es atemberaubend viele Sorten. Jede hat ihre eigene Geschmacksrichtung, ihre eigenen Blüten – welch eine Vielfalt! Ich komme bei diesem Thema sofort ins Schwärmen.

Wenn Sie erst einmal die Welt der Fruchtlederherstellung betreten haben, so eröffnen sich Ihnen ganz neue Welten der Dekoration. Aus Fruchtledern können Sie mit der Küchenschere oder Ausstechformen verschiedenste Motive kreieren und damit Kuchen und Torten verschönern.

Soll es einmal ganz, ganz erlesen sein, dann greife ich auf essbares Gold oder Silber zurück. Eine mit Gold bestäubte Schokoladentorte ist Verführung und Augenweide pur.

Bevor ich nun mit Ihnen zur Tat schreite und als ersten Schritt die Grundlagen der Herstellung von Rohkost-Kuchenteig erkläre, möchte ich Sie auf zwei wichtige Punkte hinweisen.
Wir haben es bei dieser Form der Nahrungszubereitung, also alles roh, ursprünglich, frisch und somit pur, mit lauter gesunden und kraftvollen Zutaten zu tun. Deren Inhaltsstoffe sind so ursprünglich und kraftvoll, dass unser Körper sie optimal aufnehmen und verstoffwechseln kann.
Dennoch gibt es zwei Aspekte, die Sie trotz der gesunden Zutaten im Auge behalten sollten.

Allergien & Kalorien
Allergien

Zunehmend mehr Menschen leiden heutzutage unter verschiedensten Allergien und Nahrungsmittelunverträglichkeiten.

Wenn Sie also rohköstliche Torten etc. für andere zubereiten, vergewissern Sie sich vorsorglich, ob alle Ihre Gäste z. B. Haselnüsse oder Sesam vertragen. Andere Menschen wiederum vertragen keine Ananas oder Mangos. Die Liste könnte man lange weiterführen – erst neulich hörte ich von jemandem, der keinen Kakao verträgt. Gehen Sie also lieber auf Nummer sicher: Weisen Sie Ihre Gäste auf die Zutaten hin. Bei einer Feier könnte ein hübsches Kärtchen hilfreich sein (»Diese gesunde Köstlichkeit enthält: ...«).

In den vergangenen Jahren habe ich immer wieder mit Faszination gehört, dass Menschen, die dauerhaft eine überwiegend vitalstoffreiche oder sogar vollkommen auf Rohkost umgestellte Ernährung pflegen, langfristig von ihren Allergieproblemen erlöst wurden.

Allerdings kann bei einer veränderten, auf sehr vitalstoffreiche Ernährung umgestellten Lebensweise sogar zunächst einmal der Eindruck entstehen, als würde sich der gesundheitliche Zustand verschlechtern.

Das liegt in der Regel daran, dass der Körper sich umstellt und anfängt, Gifte auszuscheiden. Das kann natürlich vorübergehend eine Belastung für den Organismus darstellen, muss aber nicht.

Doch es lohnt sich, durchzuhalten und dem Körper eine Chance auf Umstellung zu geben. Viel gutes Wasser zu trinken und reichlich Bewegung an der frischen Luft unterstützen und beschleunigen diesen Prozess ebenso wirkungsvoll wie sanft.

Kalorien

»Gesund« heißt leider nicht zwingend »kalorienarm« oder »fettarm«. Machen Sie sich das bewusst, und weisen Sie auch ihre Lieben darauf hin.

Gerade die Rohkosttorten enthalten durch ihren Nuss- und Fruchtanteil reichlich Fette und Fruchtzucker. Und wie ich zuvor schon sagte, auch Gesundes will in Maßen genossen werden. Eine auf Rohkost basierende oder daran orientierte Ernährung sollte auf keinen Fall zu frucht- oder nusslastig sein. Wie jede Ernährungsform sollte sie sehr ausgewogen sein und viel Grün enthalten.

Rohkost-Kuchen und -Torten sind vom Kalorien- oder Fettgehalt her genauso zu bewerten wie herkömmliche Süßigkeiten auch. Allerdings nehmen wir durch sie gesunde und gut verdauliche Fette und Zuckerarten zu uns. Das bedeutet: Der Körper wird nicht durch ungesunde Inhaltsstoffe wie gehärtete Fette, raffinierten Zucker oder Mehl belastet.

Der deutlichste Unterschied zwischen dem Konsum von rohen süßen Köstlichkeiten und dem von konventionellem Süßen ist jedoch, dass wir nach dem Verzehr sofort die zugeführte Energie in uns spüren und nicht etwa müde werden.

Dies trifft auf alle Bereiche der rohen Vitalkost zu. Deshalb nenne ich es immer wieder einen vollkommenen Genuss ohne Reue.

Wenn Sie mit der Umstellung auf Rohkost auch Gewicht verlieren wollen, so sollten Sie sich ein wenig beherrschen, was die Verzehrmengen von süßen oder nusshaltigen Speisen angeht. Und das ist mitunter eine echte Herausforderung, weil die süße Rohkost so unglaublich lecker schmeckt. Doch Sie werden auch feststellen, dass Sie in der Regel schon mit weniger Kost sehr zufrieden sein werden, weil alle Zutaten so vitalstoffreich, nährend und befriedigend sind und Ihr Körper diese Informationen sehr schnell aufnimmt und umsetzt.

Unser Körper lernt schnell neu, wann er genug hat, und so brauchen wir bald immer weniger. Mit einem Augenzwinkern formuliert: Unser Körper entscheidet sich, wenn er die Option hat, definitiv für Klasse statt Masse.

Torten- und Kuchenböden

Sie haben zwei Möglichkeiten, Kuchenböden vorzubereiten:

1. Den Boden frisch zubereiten und direkt weiterverarbeiten

Wenn Nüsse im Rezept verwendet werden, so müssen Sie diese einige Stunden vor dem Zubereiten des Teigs einweichen lassen (oder Sie greifen auf einen Vorrat von »vorbereiteten«, also bereits einmal eingeweichten und wieder getrockneten Nüssen zurück), bevor Sie sie mit den restlichen Zutaten zur gewünschten Teigmasse verarbeiten.

Wenn Sie dann den Teig in die entsprechende Form gedrückt und wieder herausgelöst haben, so können Sie diesen feuchten, frischen Teig direkt zum fertigen Kuchen weiterverarbeiten. Im feuchten, ungetrockneten Zustand können Sie den Kuchenteig, mit einer Folie abgedeckt, gut für 1–3 Tage im Kühlschrank aufbewahren.

2. Den Kuchenboden frisch zubereiten und teilweise oder vollständig im Dörrgerät trocknen

Bereiten Sie den Teig zu. Stellen Sie anschließend den in die Kuchenform gedrückten Teig – mit oder ohne den Rand der Form – in das Dörrgerät, und lassen Sie ihn dort für einige Stunden trocknen.

Legen Sie den Boden, sobald er sich gut aus der Form lösen lässt, direkt auf das Gitter einer Schublade des Dörrgerätes, und trocknen Sie ihn dann so lange wie gewünscht. Verarbeiten Sie den fertig getrockneten Boden dann weiter oder lagern Sie ihn.

Wenn Sie sich einen Vorrat anlegen wollen, so müssen die Böden vollständig durchgetrocknet sein und luftdicht und kühl gelagert werden. Dann sind sie bis zu 3 Wochen lang haltbar. Auf diese Weise haben Sie die Möglichkeit, schnell mal eine Torte zu zaubern, falls Besuch kommt oder Sie sich selbst verwöhnen wollen.

Auf den nächsten Seiten zeige ich Ihnen Schritt für Schritt, wie Sie einen derartigen Teig herstellen können, damit ich mich bei den Rezepten später weitgehend auf die Zutaten der Teige beschränken kann.

Zubereitung von Torten- und Kuchenböden

Am besten lassen sich die Torten- und Kuchenteige in einer Küchenmaschine mit möglichst breitem Mixtopf und Schneidemesser herstellen.

Geben Sie die Zutaten wie beispielsweise Nüsse, Vanilleschoten oder Datteln direkt in den Schneidebehälter auf die Messer, und zerkleinern Sie das Ganze pulsierend auf die gewünschte Konsistenz.

Bei der Zubereitung der Böden ist es sehr wichtig, dass sich die Zutaten zu einer gut knetbaren Masse vermengen. Der Teig sollte auf keinen Fall zu feucht oder gar klebrig sein. Sollte dies einmal der Fall sein, so rate ich Ihnen, dann auf einen schönen Rand zu verzichten und nur einen Kuchenboden direkt auf den Servierteller zu drücken (siehe Abbildung auf S. 49).

Grundsätzlich können Sie einen zu feucht geratenen Teig gut mit Nussmehl oder Kokosmehl festigen. Nussmehl erhalten Sie, indem Sie trockene Nüsse im Blender fein hacken oder in einer Kaffeemühle fein mahlen. Sie sollten für das Nussmehl die gleiche Nusssorte verwenden, die auch im Teig verwendet wird.

Wenn Sie Kokosmehl wählen (das es fertig zu kaufen gibt), so sollte der Geschmack nach Kokos im fertigen Kuchen selbstverständlich von Ihnen gewünscht sein.

Wenn Sie keine Form mit flexiblem Boden zur Verfügung haben bzw. den Kuchen gern vom Formboden auf eine Kuchenplatte versetzen wollen, so sollten Sie die Form mit Klarsichtfolie auslegen, damit Sie den Teig hinterher vorsichtig herausheben können

Sinnvoll und hilfreich ist es, wenn Sie die Torten- oder Tarteform – und auch die Folie, falls Sie eine verwenden – vor dem Befüllen mit dem Teig gut mit Öl einstreichen.

Anfangs dachte ich, dass Nüsse ohnehin ölig genug seien. Häufig genug klappte es auch ohne Einölen sehr gut, doch das ein oder andere Mal hatte ich dann doch Probleme damit, den Teig herauszulösen. Deshalb bin ich dazu übergegangen, die Formen grundsätzlich mit einem möglichst neutralen Öl, wie beispielsweise Mandelöl oder einem anderen Nussöl, auszupinseln. (Auch hierbei können Sie das verwendete Öl passend zur Nusssorte im Kuchen wählen.)

Wenn ein trockener Kuchenteig nicht so schnell aufweichen soll

Wenn Sie eine durchgetrocknete Teigkruste haben und diese mit einer Creme – wie beispielsweise dem Avocado-Schokoladenmousse (siehe S. 86) – befüllen wollen, aber der Kuchen oder die Torte nicht unmittelbar verzehrt werden soll, so können Sie den Tortenboden mit einer selbst gemachten Roh-Schokoladenglasur bestreichen (siehe Abbildung auf S. 53). Auf diese Weise wird verhindert, dass die Teigkruste aufweicht, und der Kuchen schmeckt natürlich dann noch köstlicher.

Auch einen Kuchenboden mit Schokoglasur können Sie gut auf Vorrat herstellen.

Die zwei Möglichkeiten, mit dem Kuchenboden umzugehen

Manchmal forme ich den Teig in eine flexible Tarteform (mit herausnehmbarem Boden) und drücke den Boden der Form mit dem Kuchenteig gleich danach vorsichtig von unten nach oben aus dem Rand der Form heraus. Dann trockne ich den

Teig entweder im Dörrgerät bis zur gewünschten Festigkeit oder befülle und belege ihn sofort.

Wenn ich den Boden sofort weiterverwenden, also nicht trocknen will, befülle ich auch manchmal den Kuchen direkt in der Form fertig und drücke den Kuchen erst am Schluss sachte nach oben aus dem Rand der Form heraus.

Beim Herausheben des Tarteformbodens empfehle ich Ihnen, immer auch kurz rundherum am Tarterand die Form mit dem Daumen etwas vom Teigrand weg zu lockern, während Sie vorsichtig den Formboden nach oben drücken.

Wenn dann der Boden erfolgreich herausgelöst ist, hängt Ihnen der Formrand auf dem Unterarm (siehe Abbildung auf S. 55). Ich kann Sie nur ermutigen, beherzt zu üben und zu probieren, denn Übung macht die Meisterin bzw. den Meister.

Meistens setzte ich den Boden, wenn ich ihn im feuchten Zustand weiterverarbeitet habe, mitsamt dem Tarteboden auf die Kuchenservierplatte und serviere den Kuchen dann auf diese Weise. Dass man dann nach und nach den Boden der Tarteform sehen kann, empfinde ich nicht wirklich als störend. Wenn es jedoch besonders perfekt aussehen soll oder ich einen Kuchen verschenken möchte, dann löse ich den Boden der Kuchenform sehr vorsichtig mit einer gut eingeölten Kuchenpalette vom der Bodenplatte. Dafür sind etwas Geduld und Fingerspitzengefühl erforderlich. Einfacher ist es natürlich, wenn der Teig etwas angetrocknet wurde.

Wenn Sie einmal unter anderem Kokosöl als Teigzutat verwenden, das dann durch Kühlen fest werden soll, so entfällt selbstverständlich die Möglichkeit des Trocknens. Das Öl würde sich sonst völlig verflüssigen und der Kuchen dadurch ganz weich werden.

Und wenn Sie häufiger hübsche Kuchen zaubern wollen, so lohnt sich die Anschaffung von flexiblen Tarteformen (also mit herausnehmbarem Boden) auf jeden Fall. Diese gibt es in verschiedensten Größen und Formen. Es gibt auch gute Springformen mit Glasboden, die sich perfekt für das Servieren eignen.

SUN SPIRIT
— Mango-Erdbeer-Bananen-Torte

Benötigte Geräte und Hilfsmittel:
Küchenmaschine mit Häckselfunktion, Standmixer oder Zauberstab; optional Dörrgerät (Dehydrator); Tarteform mit flexiblem Boden (Ø 26 cm) oder klassische Springform

Zutaten für 4–6 Personen

Mandelboden
150 g Mandeln (6–8 Stunden einweichen lassen)
6 Datteln, entkernt und grob zerkleinert
etwas Zitronensaft
1 kleine Prise Salz
1 TL-Spitze rohes Vanillepulver
oder   ½ frische Bio-Vanilleschote
etwas Mandelöl zum Auspinseln der Tarteform

Cashew-Erdbeer-Creme
200g Cashewkerne (6–8 Stunden einweichen lassen)
2 Datteln
1–2 TL Manuka-Honig (Veganer: stattdessen 2 Datteln mehr)
Mark einer ½ Vanilleschote
60 g Erdbeerpüree

etwas Zitronensaft
1 kleine Prise Salz
bei Bedarf 1–2 EL Flohsamen,
um die Creme zu festigen

Obstbelag
10–14 reife Erdbeeren
1–2 vollreife Mangofrüchte
1–2 kleine Apfelbananen
Liebe und ein lachendes Herz

Dekoration
frische Bio-Rosenblüten
ein paar Fruchtsalbeiblätter

Zubereitung
Mandelboden: Spülen Sie die Mandeln gründlich ab, und schütteln Sie sie trocken. Geben Sie sie dann mit den restlichen Zutaten in die Küchenmaschine. Häckseln Sie nun so lange alle Zutaten mit dem »Pulse«-Knopf, bis sie eine feine, aber noch leicht körnige Konsistenz haben. Der Teig sollte sich gut mit den Händen kneten lassen, doch nicht mehr kleben bleiben. Fetten Sie die Tarte- oder Springform gut mit dem Mandelöl ein, damit sich der Teig später leichter aus der Form lösen lässt. Drücken sie den Tortenbodenteig gleichmäßig in die Form, und formen Sie den Rand schön aus.

Dieser Teig lässt sich so, wie er ist, sehr gut gleich weiterverwenden, d. h. belegen und direkt verzehren. Nach Wunsch können Sie ihn aber auch im Dörrgerät für einige Stunden antrocknen. (Weitere Informationen zum Thema Tortenboden siehe S. 48.)

Creme: Pürieren Sie alle Zutaten in der Küchenmaschine zu einer ganz glatten Creme. Verwenden Sie bei Bedarf ein wenig Wasser, achten Sie jedoch darauf, dass die Creme so fest wie möglich bleibt; sie sollte eine quarkähnliche Festigkeit haben. Ist die Creme zu flüssig, so können Sie sie mit etwas Flohsamenpulver andicken.

Obstbelag: Schälen und entkernen Sie die Mango, und schneiden Sie sie in Würfel von 2–3 cm Größe. Waschen Sie die Erdbeeren, und entfernen Sie das Grüne. Schälen Sie die Bananen erst ganz kurz vor dem Belegen, und schneiden Sie sie in ca. 1 cm dicke Scheiben.

Drücken Sie den Boden der Tarteform vorsichtig nach oben, damit sich die Tarte aus dem Rand löst. Belassen Sie den Tortenboden auf der Bodenplatte der Form. Oder Sie lösen ihn sehr vorsichtig mit einer geölten Kuchenpalette ab und lassen ihn auf eine Kuchenservierplatte gleiten.
Befüllen Sie den Tortenboden mit der Creme, und streichen Sie sie schön glatt. Seien Sie mit dem Rand vorsichtig, damit dieser schön gleichmäßig in Form bleibt.

Auf den Cremebelag können Sie nun nach Lust und Laune die Früchte legen. Sehr ansprechend wirkt es, wenn die Früchte in Kreisen, z. B. in Form eines Mandalas, aufgelegt werden (siehe Abbildung S. 59).

Mit frischen Rosenblütenblättern oder auch anderen Blütenblättern können Sie diese Obsttorte schön umranden. Einige in feine Streifen geschnittene Fruchtsalbeiblätter, die Sie über die Torte streuen, ergeben einen guten Kontrast und schmecken auch köstlich in Kombination mit den Früchten.

Sie können diesen Kuchen sehr gut einige Stunden vor dem Verzehr vorbereiten. Stellen Sie ihn dann mit einer Haube oder locker mit Klarsichtfolie abgedeckt kalt. Wer das Aroma tropischer Früchte liebt, wird sich in SUN SPIRIT verlieben.

SOMMERTRAUM
– geniale Bergpfirsichtorte

Benötigte Geräte und Hilfsmittel:
Küchenmaschine mit Häckselfunktion, Standmixer oder Zauberstab; optional Dörrgerät (Dehydrator); Tarteform mit flexiblem Boden (Ø 26 cm) oder klassische Springform

Zutaten für 4–6 Personen

Die Verwendung von Bergpfirsichen macht diese Torte so einzigartig gut. Sollten Sie keine Bergpfirsiche zur Verfügung haben, so achten Sie darauf, eine sehr süße, saftige und aromatische Pfirsichsorte zu verwenden.

Erdnussboden

150 g rohe Erdnüsse (6–8 Stunden einweichen und anschließend gut abtropfen lassen)

150 g grüne Rosinen (einweichen lassen und sehr gründlich auspressen)

1 kleine Prise Salz

       1 knapper TL rohes Vanillepulver

oder   ½ frische Bio-Vanilleschote (vorher klein schneiden)

etwas Erdnuss- oder Mandelöl zum Einölen der Tarteform

Creme

200g Cashewkerne (6–8 Stunden einweichen lassen)

2 vollreife Bananen, geschält

¼ TL rohes Vanillepulver

Fruchtfleisch von 1 sehr reifen Bergpfirsich

1 kleine Prise Salz

bei Bedarf 1–2 EL Flohsamen, um die Creme zu festigen

Belag

7–12 Bergpfirsiche (je nach Größe)

Liebe und Leichtigkeit

Dekoration

essbare Bio- oder Wildblüten, z. B. Glockenblume, wilde Malve oder Dost

ein paar Minzeblätter (z. B. Schokoladenminze)

Zubereitung

Erdnussboden: Geben Sie die gründlich trocken geschüttelten Erdnüsse zusammen mit den restlichen Zutaten in die Küchenmaschine, und häckseln Sie alles so lange, bis der Teig eine feine, leicht körnige Konsistenz erhält. Der Teig sollte sich gut mit den Händen kneten und formen lassen, doch nicht mehr kleben bleiben.

Pinseln Sie die Tarte- oder Springform gut mit dem Öl ein, damit sich der Teig wieder leicht aus der Form lösen lässt. Drücken Sie den Tortenbodenteig gleichmäßig in die Form und den Rand schön und solide an. Oder Sie verzichten auf einen Rand.

Sie können den Teig direkt aus dem Rand der Form herauslösen und weiterverwenden. Sie können ihn auch im Dörrgerät für einige Stunden antrocknen. (Weitere Informationen zum Thema Tortenboden siehe S. 48.)

Creme: Pürieren Sie alle Zutaten in der Küchenmaschine zu einer ganz glatten Creme. Achten Sie darauf, dass sie so fest wie möglich bleibt; sie sollte eine quarkähnliche Festigkeit haben. Ist die Creme zu flüssig, so können Sie sie mit etwas Flohsamenpulver andicken.

Obstbelag: Waschen Sie die Pfirsiche gründlich, halbieren Sie sie, und lösen Sie die Kerne heraus. Schneiden Sie anschließend die Pfirsichhälften in Schnitze.

Belassen Sie den aus dem Formrand gelösten Tortenboden auf der Bodenplatte der Form. Oder Sie lösen ihn sehr vorsichtig mit einer geölten Kuchenpalette ab und lassen ihn auf eine Kuchenservierplatte gleiten.

Befüllen Sie den Tortenboden mit der Creme, und verstreichen Sie sie gleichmäßig. Seien Sie achtsam mit dem Rand, damit er schön gleichmäßig bleibt und seine Form behält.

Verteilen Sie nun auf den Cremebelag fächerförmig die Pfirsichschnitze (siehe Abbildung S. 60).

Mit essbaren Blüten, Minzeblättern oder z. B. auch Beerenobst können Sie die Pfirsichtorte schön dekorieren.

Sie können diesen Kuchen gut einige Stunden vor dem Verzehr vorbereiten. Stellen Sie ihn bis zum Servieren mit einer Haube oder locker mit Klarsichtfolie abgedeckt kalt.

Bei uns ist der SOMMERTRAUM während der Pfirsichsaison der absolute Renner!

AMORE MIO
— Erdbeertörtchen in Herzform

Benötigte Geräte und Hilfsmittel:
Küchenmaschine mit Häckselfunktion, Standmixer oder Zauberstab; optional Dörrgerät (Dehydrator); kleine Tarteletteformen (z. B. herzförmig, Ø 10–12 cm) mit flexiblem Boden

Zutaten für 4 Tartelettes

Tarteletteteig
120 g Mandeln (6–8 Stunden einweichen lassen)
40 g Macadamianüsse
4 Datteln, entkernt und grob zerkleinert
8 getrocknete Bergkugelfeigen (einige Stunden einweichen lassen und gründlich ausdrücken)
etwas Zitronensaft
1 kleine Prise Salz
½ TL rohes Vanillepulver
etwas Mandelöl zum Auspinseln der Tarteletteformen

Creme

180 g Cashewkerne (6–8 Stunden einweichen lassen)

Mark von 1 Vanilleschote

1 kleine Prise Salz

        4 EL Kokossaftzucker (Raw Coconut Crystals)

oder   4 EL Dattelpaste

Saft von 1 Orange

Belag

12–16 reife Erdbeeren

Liebe und ein sonniges Lachen

Dekoration

Minzeblätter (z. B. Schokoladenminze)

Zubereitung

Tarteletteboden: Verarbeiten Sie alle Teigzutaten in der Küchenmaschine zu einem feinkörnigen Teig. Der Teig muss gut formbar, darf aber nicht nass oder klebrig sein. Teilen Sie ihn in 4 Teile.

Ölen Sie die Förmchen gut ein, und befüllen Sie sie mit dem Teig. (Besitzen Sie nur ein Herzförmchen, dann stellen Sie einfach die Herzböden nacheinander her.) Lösen Sie anschließend die Böden vorsichtig heraus, und legen Sie sie auf einen Teller.

Wollen Sie die Tartelettböden trocknen, so platzieren Sie sie direkt auf die Antihaftmatten der Schubladen des Dörrgeräts. Trocknen Sie dann die Böden für einige Stunden an. Wenn Sie Tartelettböden auf Vorrat herstellen und aufbewahren wollen, so müssen Sie sie vollkommen durchtrocknen. (Weitere Informationen zum Thema Tortenboden siehe S. 48.)

Creme: Pürieren Sie die Zutaten zu einer feinen, sahnigen Creme.

Obstbelag: Waschen Sie die Erdbeeren, und entfernen Sie das Grün. Schneiden Sie die Erdbeeren in Scheiben.

Befüllen Sie nun die 4 Herzböden mit der Creme, und streichen Sie diese glatt.

Fächern Sie die Erdbeerscheiben auf dem Cremebelag aus.

Schneiden Sie die Minzeblätter in feine Streifen, und streuen Sie diese über die Herztörtchen.

Probieren Sie AMORE MIO unbedingt auch einmal mit anderen Früchten aus, z. B. eignen sich auch Brombeeren oder Himbeeren wunderbar dafür!

KIWI-TRAUBEN-MANDALA
– mit Cranberrys auf Haselnussboden

Küchenmaschine mit Häckselfunktion, Standmixer oder Zauberstab; optional Dörrgerät (Dehydrator); runde Tarteform mit flexiblem Boden (Ø 26 cm)

Zutaten für 4–8 Personen

Haselnussboden
200 g Haselnüsse (6–8 Stunden einweichen lassen)
100 g Grüne Rosinen (1–3 Stunden einweichen lassen)
2 Datteln (1–3 Stunden einweichen lassen)
1 kleine Prise Salz
½ TL Bio-Vanillepulver
etwas Haselnuss- oder Mandelöl zum Einölen der Form

Creme
150 g Macadamianüsse
8 EL Paste von grünen Rosinen (Zubereitung siehe S. 33)
Mark von 1 Vanilleschote
Saft von einer ½ Orange
1 Prise Safranfäden

Obstbelag

2–4 gut reife Kiwis (abhängig von der Größe)
25–30 kernlose weiße Trauben (abhängig von der Größe)
Liebe und tiefe Entspannung

Dekoration

einige getrocknete Cranberrys

Zubereitung

Tortenboden: Spülen Sie die Haselnüsse gründlich ab, und schütteln Sie sie trocken. Lassen Sie ebenfalls die eingeweichten Rosinen und Datteln gut abtropfen. Häckseln Sie alles zusammen mit den restlichen Zutaten in der Küchenmaschine zu einem feinen, noch körnigen Teig. Der Teig muss gut formbar, darf aber nicht zu feucht oder klebrig sein.

Ölen Sie die Tarteform ein. Drücken Sie den Tortenbodenteig in die Form, und formen Sie den Rand gleichmäßig aus. Drücken Sie anschließend den Boden behutsam nach oben aus dem Rand der Form.

Stellen Sie den herausgelösten Boden mitsamt der Bodenplatte ins Dörrgerät, und lassen Sie ihn 3–4 Stunden lang trocknen. Lösen Sie den Boden nach dieser Zeit vorsichtig mit einer Kuchenpalette vom Boden der Form, und legen Sie ihn für weitere 2–3 Stunden in das Dörrgerät. (Weitere Details zum Thema Tortenboden siehe S. 48.)

Anmerkung: Dieser Teig kann auch ohne Trocknen weiterverwendet und gegessen werden, allerdings schmeckt er in trockenem Zustand besonders köstlich.

Hinweis für Allergiker: Wenn Sie keine Haselnüsse vertragen, so können Sie diese einfach durch Mandeln oder Paranüsse ersetzen.

Creme: Pürieren Sie die Zutaten zu einer feinen, sahnigen Creme.

Obstbelag: Schälen Sie die Kiwis, und schneiden Sie sie in Scheiben. Waschen Sie die Trauben gründlich, und lassen Sie sie abtropfen.

Befüllen Sie den Tortenboden mit der Creme, und verteilen Sie sie gleichmäßig darauf.
Legen Sie die Kiwischeiben ring- und fächerförmig auf der Creme aus. Legen Sie die Trauben ebenfalls ringförmig aus. Legen Sie in die Mitte der Torte eine Kiwischeibe. Setzen Sie einige Cranberrys dekorativ in die Lücken.

KIWI-TRAUBEN-MANDALA ist bei uns schon fast ein »Klassiker«. Sie ist frisch und saftig, und wir können kaum genug von ihr bekommen.

STILLER BUDDHA
— köstliche Pflaumentorte

Benötigte Geräte und Hilfsmittel
Küchenmaschine mit Häckselfunktion, Standmixer oder Zauberstab; runde Springform (Ø 16 cm)

Zutaten für 4–6 Personen

Paranussboden (alternativ: Mandelboden, siehe S. 56):
180 g Paranüsse (6–8 Stunden einweichen lassen)
10 EL Dattelpaste

Creme
250 g Cashewnüsse (6–8 Stunden einweichen lassen)
300 g sehr reife blaue Pflaumen (entkernen)
50 g Kakaobutter (im Dörrgerät oder warmem Wasserbad schmelzen)
5 EL Paste von grünen Rosinen
etwas Salz
½ TL Vanillepulver
etwas Zimtpulver nach Belieben
eine Extraportion Liebe und Gelassenheit

Dekoration
essbare Blüten, z. B. Wilde Möhre und Phlox

Zubereitung
Tortenboden: Häckseln Sie alle Zutaten in der Küchenmaschine zu einem feinkörnigen Teig.

Pinseln Sie die Springform mit Kürbiskernöl ein. Füllen Sie den Teig in die Form, verteilen Sie ihn gleichmäßig, und drücken Sie ihn fest an – ohne Rand.

Creme: Pürieren sie alle Zutaten im Standmixer zu einer ganz glatten, seidigen Creme.

Geben Sie die Creme auf den Nussboden, der sich noch in der Springform befindet. Decken Sie anschließend die Form mit einem Teller oder mit Folie ab, und stellen Sie die Torte für einige Stunden in den Kühlschrank, bis sie fest ist.

Lösen Sie vor dem Servieren mit einem schmalen, befeuchteten Messer vorsichtig ringsum den Rand der Springform von der Torte. Öffnen Sie anschließend vorsichtig die Springform, aber lassen Sie sie noch dran. Lösen Sie die Torte nun vorsichtig mit einer befeuchteten Kuchenpalette vom Boden der Springform ab, und transferieren Sie sie auf einen Tortenteller. Anschließend können Sie den Rand der Springform abheben und nach Bedarf mit einer Kuchenpalette den Rand glatt streichen.

Sie können z. B. Raspel von Rohschokolade auf den Tortenrand streuen. Auch können Sie STILLER BUDDHA mit zu schönen Motiven gestochenen Fruchtledern dekorieren (siehe Abbildung) oder einfach mit Pflaumenstückchen garnieren.

NASCHKATZE
— Bananen-Schokoleder

Zutaten
500 g vollreife Bananen
3 EL rohes Kakaopulver
1 kleine Prise Salz
Liebe und Weisheit

Zum Bestreuen (wenn gewünscht)
4 EL grob geraspelte Roh-Schokolade

Zubereitung
Pürieren Sie alle Zutaten (außer der geraspelten Roh-Schokolade) im Standmixer zu einer glatten Masse.
Streichen Sie die Masse ganz gleichmäßig auf die Antihaftmatten der Schubladen des Dörrgeräts – die Schichtdicke gestalten Sie nach Wunsch. Das Verteilen gelingt sehr gut mit einem Silikonschaber, den man immer wieder ins Wasser eintaucht.

Wenn Sie wollen, dann können Sie die Masse vor dem Trocknen noch mit der geraspelten Roh-Schokolade bestreuen.

Trocknen Sie nun die Masse im Dörrgerät 4–7 Stunden lang (abhängig von der Dicke der Schicht). Sie erhält durch den Trocknungsprozess eine geschmeidige, lederartige Konsistenz. Sobald sich die Fruchtleder leicht von der Matte lösen lassen, ziehen Sie sie vorsichtig ab, und legen Sie sie gewendet direkt auf die Dörrgitter (nehmen Sie also vorher die Antihaftmatten heraus). Lassen Sie sie nun weitere 2–4 Stunden trocknen.

Die fertigen Fruchtleder können Sie straff aufrollen und z. B. in ca. 1 cm dicke Scheiben schneiden. Diese sehen dann ein wenig wie Lakritzrollen aus. Sie können aber auch nach Lust und Laune mit Ausstechformen schöne Motive ausstechen (siehe S. 75, Dekoration Pflaumentorte).

Wichtig ist es, die Fruchtleder luftdicht und kühl aufzubewahren. Wenn Sie noch nicht das gesamte Leder zerschneiden wollen, dann empfiehlt es sich, einen Bogen Backpapier auf das Leder zu legen, Leder und Backpapier dann zusammen aufzurollen und in einer Box aufzubewahren. Das Backpapier verhindert, dass das Leder verklebt und sich nicht mehr entrollen lässt.

Tipp für Variationsmöglichkeiten

Wenn Sie einmal eine schöne Dekoration für einen besonderen Anlass kreieren wollen, so können Sie das feuchte Fruchtleder mit essbarem Gold- oder Silberstaub bestreuen. Der Kontrast des dunklen Leders und der glitzernden Auflage ist einfach zauberhaft und sieht sehr erlesen aus.

Sie können auch die ausgestrichene Masse mit fein gehackten Nüssen oder Sesam bestreuen. Wunderschön sieht das fertige Leder auch aus, wenn man es vor dem Trocknen mit essbaren Blüten belegt. Der Kreativität und Fantasie sind keine Grenzen gesetzt.

Wollen Sie ein schlichtes Bananenleder, so lassen Sie einfach den Kakao weg. Auf dem hellen Bananenleder kommen dann Blüten wie z. B. von Hornveilchen sehr schön zu Geltung.

GENUSSRÖLLCHEN
– gefülltes Blütenbananenleder

Zutaten für 4–6 Personen

Röllchen
10–12 Blüten-Bananenleder (siehe S. 76) in 8 x 8 cm Quadrate geschnitten

Füllung (für 10–12 Röllchen)
100 g Mandeln, eingeweicht und wieder getrocknet
50 g Mandeln, eingeweicht und wieder getrocknet, zu Mehl gemahlen
200 g reife Bergpfirsiche (oder andere aromatische Pfirsichsorte)
Liebe und froher Genuss

Wer es süßer mag: zusätzlich 1–3 Datteln (kernlos)

Zubereitung
Häckseln Sie für die Füllung alle Zutaten zu einer körnigen Creme. Sollte die Füllmasse zu feucht geraten, dann geben Sie noch etwas mehr Mandelmehl hinzu.
Befüllen Sie nun die Blüten-Bananenlederstücke mit der Mandel-Pfirsich-Creme, und formen Sie sie zu Röllchen.

Stellen oder legen Sie die Röllchen dekorativ auf einen Teller.

Wichtig

Die gefüllten Röllchen müssen zeitnah serviert und gegessen werden (innerhalb von 1–3 Stunden, abhängig von der Dicke des Leders), weil das Fruchtleder durch die feuchte Füllmasse nach und nach aufweicht.

TROPENFRÜCHTCHEN
— köstlich exotische Tartelettes

Benötigte Geräte und Hilfsmittel

Küchenmaschine mit Häckselfunktion, Standmixer oder Zauberstab; optional Dörrgerät (Dehydrator); kleine runde Tarteletteformen mit flexiblem Boden

Zutaten für 6 Personen (6 Tartelettes)

Tarteletteteig

150 g Mandeln (6–8 Stunden einweichen lassen)
60 g Macadamianüsse
5 Datteln, entkernt und grob zerkleinert
8 getrocknete Bergkugelfeigen (einige Stunden einweichen lassen und gründlich ausdrücken)
etwas Zitronensaft
1 kleine Prise Salz
½ TL rohes Vanillepulver
etwas Mandelöl zum Einölen der Tarteletteform

Creme

140 g Macadamianüsse
Mark von 1 Vanilleschote
1 kleine Prise Salz

5 EL Kokossaftzucker (Raw Coconut Crystals)
oder   5 EL Dattelpaste
fein püriertes Fruchtmark von 1 Passionsfrucht
Saft von einer ½ Orange
bei Bedarf etwas Flohsamen zum Andicken

Belag
1 Granatapfel (Kerne herauslösen)
2 Passionsfrüchte (das Fruchtmark herauskratzen)
12 kleine Apfelbananen
12–16 Physalis (trockene Außenschale entfernen)
eine üppige Portion Liebe und Glücksgefühle

Dekoration
einige Blätter Ananasminze

Zubereitung
Tarteletteboden: Stellen Sie aus den Teigzutaten wie bei den ähnlichen Rezepten zuvor beschrieben einen relativ feinen, gut knetbaren Teig her.

Drücken Sie ihn in die Tarteletteformen, und trocknen Sie anschließend die Böden im Dörrgerät schön knusprig.

Creme: Pürieren Sie alle Zutaten im Standmixer zu einer feinen Creme. Falls die Creme zu flüssig sein sollte, dicken Sie sie mit Flohsamen an.

Obstbelag: Schneiden Sie sowohl die Bananen als auch die Physalis in Scheiben.

Geben Sie die Creme auf die Tarteletteböden. Legen Sie dann im Wechsel Bananen- und Physalisscheiben auf die Cremeschicht. Befüllen Sie die Törtchen in der Mitte mit Passionsfruchtmark, und legen Sie darum einen Kreis aus Granatapfelkernen.

Dekorieren Sie abschließend mit den Ananasminzeblättern.

Diese Törtchen sind aufgrund ihrer erlesenen Zutaten ein echter Gaumenschmaus und sehen darüber hinaus bildschön aus!

GLÜCKSBOMBE
– Avocado-Schokomousse-Torte

Benötigte Geräte und Hilfsmittel:
Küchenmaschine mit Häckselfunktion, Standmixer oder Zauberstab; optional Dörrgerät (Dehydrator); runde Springform (Ø 16 cm)

Zutaten für 4–6 Personen

Boden
Mandelboden (siehe S. 56)

Füllung
ca. 300 g Avocadofleisch
1 EL Limettensaft
1 große vollreife Banane
85 g rohe Kakaobutter
2–3 EL roher Kakao
6 TL Grüne-Rosinen-Paste
Mark von 1 Vanilleschote

Kakaoglasur für den Boden
30 g Kakaobutter
2 EL roher Kakao
3 TL Rosinenpaste

Dekoration

essbare Blüten, z. B. Hornveilchen
Ananassalbei- oder Minzeblätter
essbarer Goldstaub oder Roh-Schokoladenraspel.
Liebe und Glück

Zubereitung

Tortenboden: Bereiten Sie den Boden wie beim Rezept von SUN-SPIRIT (siehe S. 56) zu, und lassen Sie ihn im Dörrgerät vollkommen trocknen.

Glasur: Lassen Sie die Kakaobutter im warmen Wasserbad oder im Trockner schmelzen, und pürieren Sie sie im Standmixer zusammen mit dem Kakao und der Rosinenpaste zu einer feinen Glasur.

Creme: Pürieren Sie alle Zutaten zu einer Schokoladencreme.

Streichen Sie den Tortenboden komplett mit der warmen Glasur aus, und lassen Sie sie trocknen. (Sollte noch Glasur übrig sein, so können Sie den Rest in kleine Silikonförmchen, z. B. in Delphin- oder Herzform, füllen und abkühlen lassen. Diese kleinen Schokoladen können Sie zur Verzierung auf den Kuchen legen – siehe Abbildung.)

Geben Sie die Schokoladencreme auf den schokoglasierten Tortenboden. Dekorieren Sie nach Wunsch mit Goldstaub oder Schokoraspeln.

Stelle Sie anschließend die Torte für 2–3 Stunden kalt, und verzieren Sie sie vor dem Servieren mit essbaren Blüten und grünen Blättchen.

GLÜCKSBOMBE schmeckt am allerbesten, wenn sie noch am gleichen Tag verzehrt wird. Sie kann aber zur Not auch noch am nächsten Tag serviert werden.

Wer diese Torte noch nie gegessen hat, wird staunen, wie wunderbar cremig und köstlich sie ist. Man kann fast nicht glauben, dass sie vollkommen vegan, also frei von Sahne ist.

JUWEL
– Ananas-Sommerbeeren-Torte

Benötigte Geräte und Hilfsmittel
Küchenmaschine mit Häckselfunktion, Standmixer oder Zauberstab; optional Dörrgerät (Dehydrator); runde Tarteform mit flexiblem Boden (Ø 26 cm)

Zutaten für 4–8 Personen

Tortenboden
Haselnussboden (siehe S. 68)

Cremefüllung
150 g Cashewkerne (6–8 Stunden einweichen lassen)
Mark von 1 Vanilleschote
Saft von einer ½ Orange
5 EL frisches Ananaspüree

Belag
5–6 frische Ananasringe (1–1½ cm dick)
2 Handvoll vollreife rote Johannisbeeren
1 knappe Handvoll vollreife weiße Johannisbeeren
(alternativ dazu schwarze Johannisbeeren)
Liebe und tiefer Frieden

Dekoration
essbare Blüten

Zubereitung
Creme: Pürieren Sie alle Zutaten zu einer seidigen Creme.

Befüllen Sie den fertigen Tortenboden mit der Creme. Ordnen Sie darauf die Früchte nach Wunsch oder wie auf der Abbildung an. Verzieren Sie die Torte abschließend mit den Blüten, und genießen Sie!

Anstelle der Johannisbeeren passen auch Himbeeren oder Blaubeeren hervorragend. Wichtig ist, dass die Früchte, sowohl die Ananas als auch die Beeren, vollreif sind, damit die Torte nicht zu sauer wird.

JUWEL schmeckt nicht nur super köstlich, diese Torte ist vor allem optisch eine Augenweide. Die Beeren wirken wie funkelnde Juwelen, daher der Name.
Weiße Johannisbeeren erhält man leider relativ selten. Mit etwas Glück können Sie sie auf Wochenmärkten finden.

PINK PARTY-GIRL
— rosa Cashewcremetorte

Benötigte Geräte und Hilfsmittel
Küchenmaschine mit Häckselfunktion, Standmixer oder Zauberstab; Dörrgerät (Dehydrator); längliche rechteckige Tortenform (ca. 33 x 9½ cm)

Zutaten für bis zu 8 Personen

Mandelteig
200 g Mandeln (mindestens 6 Stunden einweichen)
6 Datteln, entkernt und grob zerkleinert
4 Aprikosen (ca. 1 Stunde einweichen lassen)
etwas Zitronensaft
1 kleine Prise Salz

1 TL-Spitze rohes Vanillepulver
oder ½ frische Bio-Vanilleschote (vorher kleinschneiden)
etwas Mandelöl zum Einölen der Form

Cashewcremefüllung
400 g Cashewkerne (6–8 Stunden einweichen lassen)
ca. 250 ml Wasser einer jungen Kokosnuss
oder ca. 250 ml Orangensaft
2 EL Zitronensaft

3–5 EL frischer Rote-Bete-Saft

oder   1–2 EL rohes Rote-Bete-Pulver (Menge nach gewünschter Farbintensität)

1 kleine Prise Salz

1 TL rohes Vanillepulver

3 EL neuseeländischer Rata-Honig (oder ein anderer mild schmeckender Honig; Veganer nehmen stattdessen 3 EL Dattel- oder Grüne-Rosinen-Paste)

80 g rohe Kakaobutter

Liebe und Fröhlichkeit

Dekoration
1 Pitahaya (Fruchtfleisch: optimalerweise rot, sonst weiß)

Blüten vom Ananassalbei

Zubereitung
Tortenboden: Verarbeiten Sie alle Zutaten in der Küchenmaschine zu einem Teig mit feinkörniger Konsistenz (siehe S. 65). Ölen Sie die Kuchenform ein, und legen Sie sie mit dem Teig aus. Formen Sie den Rand sorgfältig aus. Achten Sie hierbei darauf, dass er nicht zu dünn ist, damit er beim Herauslösen aus der Form ganz bleibt.

Lassen Sie den Teig im Dörrgerät vollkommen trocknen. Es empfiehlt sich deshalb, den Teig am Vortag vorzubereiten oder ihn sogar schon früher auf Vorrat zubereitet zu haben.
Sie können den Boden auch im feuchten Zustand weiterverarbeiten und verzehren. Ich empfehle Ihnen allerdings, ihn teilweise oder vollständig zu trocknen.

Creme: Lassen Sie die Kakaobutter in einem warmen Wasserbad schmelzen. Pürieren Sie sie dann rasch mit den restlichen Zutaten im Standmixer zu einer glatten Creme. Schmecken Sie die Creme entsprechend Ihrem eigenen Bedürfnis nach Süße ab.

Geben Sie die Creme auf den Tortenboden, und stellen Sie die Torte einige Stunden lang kalt.
Schälen Sie vor dem Servieren die Pitahaya, und schneiden Sie sie in Scheiben. Stechen Sie mit Ausstechern schöne Motive aus, und belegen Sie den Kuchen damit.
Bestreuen Sie die Torte abschließend mit den Blüten.

Den Namen PINK PARTY-GIRL erhielt dieser Kuchen von mir, weil ich aufgrund seiner länglichen Form sofort die Assoziation hatte, dass man ihn super zu einer Party mitnehmen könne. Und wegen des schicken Pinks musste ich an junge »Party-Girls« denken.

GLÜCKSMOMENT
– Papaya–Ananas–Torte

Benötigte Geräte und Hilfsmittel
Küchenmaschine mit Häckselfunktion, Standmixer oder Zauberstab; optional Dörrgerät (Dehydrator); Tarteform mit flexiblem Boden (Ø 26 cm) oder klassische Springform

Zutaten für 4-6 Personen

Mandelboden
60 g getrocknete Aprikosen (einweichen lassen)
80 g grüne Rosinen (einweichen lassen)
150 g Mandeln (6–8 Stunden einweichen lassen)
5 EL Leinsaatschrot
       1 ganze Bio-Vanilleschote (vorher klein schneiden)
oder   1 EL Bio-Vanillepulver

Cashew-Birnen-Papaya-Creme
120 g Cashew (6–8 Stunden einweichen lassen)
1 sehr reife aromatische Birne (geschält, entkernt)
1 vollreife weiche Papaya (geschält, entkernt)
1 kleine Prise Salz
1 EL Zitronensaft
Liebe und Harmonie

Belag

½ große vollreife Ananas (geschält)
1 Handvoll Granatapfelkerne
1 reife Passionsfrucht (Mark herauskratzen)

Zubereitung

Tortenboden: Häckseln Sie alle Teigzutaten, mit den Mandeln und der Vanilleschote beginnend, in der Küchenmaschine zu einem Teig von feinkörniger Konsistenz.

Drücken Sie den Teig in die Tortenform, und formen Sie einen gleichmäßigen Rand aus.

Sie können den Teig entweder feucht weiterverwenden oder nach Ihren Vorstellungen im Dörrgerät trocknen. (Weitere Hinweise zum Thema Tortenboden siehe S. 48)

Creme: Pürieren Sie die Zutaten im Standmixer zu einer feinen Creme. Diese auf dem Tortenboden verteilen. (Sie können die Torte auch schon in diesem Stand der Zubereitung servieren und genussvoll verspeisen.)

Häckseln Sie die Ananas in der Küchenmaschine in grobe Stücke, und verteilen Sie diese locker auf der Creme.

Streuen Sie darüber dekorativ die Granatapfelkerne und das Mark der Passionsfrucht.

GLÜCKSMOMENT schmeckt fruchtig, saftig und nach Sonne.

Tipp: Ich verschönere diese Torte oftmals noch mit trockenen Kokosflocken, die ich zu einem früheren Zeitpunkt mit Rote-Bete-Saft eingefärbt habe.

ICH LIEBE DAS LEBEN
— Knusprige Sesam-Leinsaat-Cracker — mit fruchtiger Variante

Benötigte Geräte und Hilfsmittel
Küchenmaschine mit Häckselfunktion, Standmixer oder Zauberstab; Dörrgerät (Dehydrator); optional Garnierformen

Zutaten für ca. 32 Taler (Ø ca. 8 cm im feuchten Zustand)

Crackermasse
125 g Goldleinsaat, ganz
65 g Goldleinsaat, gemahlen
80 g Sesam, hell
300 ml Wasser
ca. 80 g Grüne-Rosinen-Paste (siehe S. 33)
1 kleine Prise Salz
ca. 1 EL Zitronensaft
Liebe und Lebendigkeit

Zubereitung
Crackerteig: Verarbeiten Sie alle Zutaten in einer Küchenmaschine zu einer feinkörnigen Masse.

Für die Variante mit Pfirsich- oder Aprikosen-Püree pürieren Sie 250 g reife Bergpfirsiche oder vollreife Aprikosen fein und rühren sie dann gründlich in die Grundmasse ein.

Durch die Leinsaat dickt die Masse innerhalb von 30 Minuten ein. Sie hat dann eine geleeartige Konsistenz. Setzen Sie mithilfe eines angefeuchteten Teelöffels und eines Garnierringes von 8 cm Durchmesser gleichmäßige runde Taler auf die Antihaftmatten der Schubladen des Dörrgeräts.

Lassen Sie die Taler rund 6 Stunden im Dörrgerät trocknen. Legen Sie sie anschließend gewendet direkt auf die Gittermatten, und lassen Sie sie weitere 4–8 Stunden trocknen.

Je länger die Kekse trocknen, desto knuspriger werden sie.

Diese Kekse eignen sich auch wunderbar als Grundlage für kleine Törtchen. Sie können diese z. B. mit einer Cashew-Vanille-Creme (ähnlich den Tortenfüllungen) bestreichen und dann mit Obst (z. B. Blaubeeren) belegen.

Wenn Sie einen Vorrat von Sesam-Crackern im Haus haben, so können Sie jederzeit spontan Törtchen zaubern.

Die vorliegende Rezeptur habe ich bewusst moderat süß gehalten. Wer es süßer mag, kann nach Bedarf die Menge an Rosinenpaste erhöhen.

Tipp: Verwenden Sie anstelle von Pfirsichen oder Aprikosen auch mal Bananen oder Äpfel – einfach lecker!

SHANGRILA
— Schoko-Kokosrolle

Benötigte Geräte und Hilfsmittel

Küchenmaschine mit Häckselfunktion, Standmixer oder Zauberstab; längliche Pastetenform (ca. 40 x 6 x 4 cm); Klarsicht- oder Relieffolie aus dem Konditoreibedarf; Silikonformen für Pralinen oder Minigebäck (z. B. in Gugelhupfform)

Zutaten für bis zu 10 Personen

Boden

120 g Mandeln (6–8 Stunden einweichen lassen)
½ Bio-Vanilleschote (in kleine Stücke vorgeschnitten)
3 getrocknete Aprikosen (1–2 Stunden einweichen lassen)
3 getrocknete Aprikosen (nicht eingeweicht)
2 TL Kokosöl flüssig schmelzen
3 EL Zitronensaft
1 kleine Prise Salz
ein wenig fein gemahlene Mandeln, falls der Teig zu feucht ist

Schokoladenschicht

150 g Kokosöl flüssig schmelzen
ca. 12 entkernte Medjool-Datteln (entspricht 250 g; einige Stunden einweichen lassen)

½ TL rohes Vanillepulver
4 EL rohes Kakaopulver
1 Hauch feines Salz
Liebe und Entspannung

Dekoration
essbare Blüten
Fruchtsalbei- oder Minzeblätter

Zubereitung

Boden: Häckseln Sie zuerst die Mandeln und die Vanilleschote in der Küchenmaschine klein. Fügen Sie anschließend die anderen Zutaten hinzu, und häckseln Sie alles zu einer feinkörnigen Masse. Stellen Sie dann den Teig bis zu seiner Verwendung kalt. Legen Sie die Form mit Klarsichtfolie aus, damit Sie die Rolle später einfach daraus herausheben können. Sollten Sie Strukturfolie verwenden, so pinseln Sie diese erst mit flüssigem Kokosöl aus, bevor Sie sie in die Form legen.

Schokoladenschicht: Pürieren Sie alle Zutaten im Standmixer zu einer vollkommen glatten Schokoladencreme.
Befüllen Sie die Form gleichmäßig mit der Schokoladencreme, sodass Sie bis ungefähr zur halben Höhe gefüllt ist. Decken Sie die Form anschließend locker mit Folie ab, und stellen Sie sie so lange in den Kühlschrank, bis die Schokoladenschicht fest geworden ist (also 1–2 Stunden lang).

Nehmen Sie die Abdeckfolie wieder weg, und verteilen Sie nun die Teigmasse gleichmäßig auf der festen Schokoladenschicht, und drücken Sie sie darauf fest.

Das Ganze können Sie dann auf einen langen Teller oder eine Platte stürzen. Lösen Sie anschließend zuerst sacht die Form und danach die Folie ab.

Wenn Sie die Rolle nicht gleich servieren wollen, dann lassen Sie die Rolle am besten erst einmal in der Form und stellen sie kühl. Grundsätzlich schmeckt die Schoko-Kokosrolle gut gekühlt am köstlichsten.

Zur Dekoration eignen sich wunderbar essbare Blüten sowie Fruchtsalbei- oder Minzeblätter.

SHANGRILA sieht zierlich und »harmlos« aus, doch sie hat es in sich, weil sie sehr fetthaltig ist. Daher empfiehlt es sich, diese Köstlichkeit mit möglichst vielen lieben Menschen zu teilen.

Was man mit dem Rezept der Schokoladenschicht dieser Rolle noch zaubern kann, zeige ich Ihnen im folgenden Rezept.

KÜSS MICH!
— SchoKoko-Pralinen

Standmixer oder Zauberstab; Silikonformen z.B. für Pralinen oder Minigebäck

Zutaten für bis zu 30 Pralinen (je nach Größe der Formen)

Zutaten
150 g reines, hochwertiges Kokosöl
ca. 12 entkernte Medjool-Datteln (entspricht 250 g; einige Stunden einweichen lassen)
4 EL rohes Kakaopulver
½ TL rohes Vanillepulver
1 Messerspitze Zimt
1 Spritzer Zitronensaft
einen Hauch feines Salz
eine üppige Portion Liebe und Sinnlichkeit

Zubereitung
Verflüssigen Sie das Kokosöl, falls es fest ist, im warmen Wasserbad oder im Dörrgerät. Geben Sie dann alle Zutaten in den Standmixer, und verarbeiten Sie sie zu einer »dickflüssigen Schokoladensoße« von seidiger Konsistenz.

Spülen Sie die Silikonförmchen mit kaltem Wasser aus. Geben Sie dann die Schokoladenmasse in die Förmchen, und stellen Sie diese so lange kalt, bis die Masse ganz fest geworden ist.

Sollte die Masse während des Befüllens zu schnell fest werden, so stellen Sie sie einfach zwischendurch in heißes Wasser. Rühren Sie dann so lange, bis die Masse wieder dickflüssig und geschmeidig geworden ist.

Drücken Sie die fest gewordenen Pralinen vorsichtig aus den Förmchen, und bewahren Sie sie, sofern sie nicht gleich gegessen werden, kalt auf.

Sehr ansprechend sehen die KÜSS MICH!-Pralinen aus, wenn Sie sie mit rohem Kakao, den Sie mit einem Löffel durch ein Teesieb streichen, bestäuben.

Dekorationstipp: Setzen Sie die Pralinen in weiße Papierkapseln, und fügen Sie in der Mitte der Pralinen eine Blaubeere hinzu.

DANKBARKEITSKEKSE
— Bananen–Mandel–Kekse — ohne und mit Buchweizenknusper

Benötigte Geräte und Hilfsmittel
Küchenmaschine mit Häckselfunktion, Standmixer oder Zauberstab; Dörrgerät (Dehydrator); optional Garnierformen

Zutaten für ca. 22–24 Kekse (ca. 1 EL Teigmasse pro Keks)

Diese Kekse sind ebenso wie die Sesam-Leinsaat-Cracker ein herrlich gesundes Knabber- und Naschvergnügen ohne Reue. Die Zutaten sind wohltuend für den Körper, insbesondere die Leinsaat für den Darm.

Bei uns gehören beide Sorten zum kleinen Frühstück dazu. Bevor wir unseren grünen Smoothie trinken, gibt es ca. 30–40 Minuten vorher eine Tasse Tee oder Kaffee und dazu diese einfach genialen Kekse.

Weil diese Kekse so gesund, energiereich und zugleich köstlich sind, habe ich sie Dankbarkeitskekse genannt.

Crackermasse
200 g Mandeln (6–8 Stunden einweichen lassen)
8 vollreife Bananen
¼ TL rohes Vanillepulver

5 gehäufte EL Leinsamenschrot
1 Prise Salz
Saft von einer ½ Zitrone
Liebe und Dankbarkeit

für die Variante: 6–8 EL gekeimter ganzer Buchweizen

Zubereitung
Crackerteig: Verarbeiten Sie alle Zutaten in der Küchenmaschine zu einer feinkörnigen Masse.
Streichen Sie den Teig einfach komplett auf die Antihaftmatten, und brechen Sie ihn nach dem Trocknen in grobe Stücke.
(Schöner wird es natürlich, wenn Sie sich die Zeit nehmen und
mithilfe von Garnierringen formschöne Kekse herstellen.)

Oder vermengen Sie für die Variante die Teigmasse mithilfe
eines Löffels mit dem Buchweizen, und setzen Sie dann Teig-
häufchen oder -taler in gewünschter Form auf die Antihaftmatten.

Sie können die Kekse sehr dekorativ mit Bananenscheiben
oder Blüten verzieren. So erhalten Sie ein wirklich ansprechen-
des Ergebnis und bekommen kleine Kostbarkeiten, die Sie z. B.
verschenken können.

In diesem Rezept werden die Kekse nur durch die Bananen gesüßt. Wer es süßer mag, kann noch 2–4 EL Dattelpaste hinzufügen.

Trocknen Sie die Kekse für 6–8 Stunden im Dörrgerät. Sobald sie sich leicht von der Matte lösen lassen, können Sie sie wenden und dann direkt auf die Trockengitter auflegen. Danach müssen die Kekse noch weitere 4–5 Stunden lang trocknen.

Sie können die Kekse noch leicht weich und feucht lassen. Dann schmecken sie besonders lecker, sollten jedoch innerhalb von 1–2 Wochen verbraucht werden. Wenn Sie sie durchtrocknen, dann sind sie einige Wochen haltbar – immer vorausgesetzt, dass sie nicht ruck, zuck verspeist werden ...

Abbildungen:

Bilder von www.fotolia.de
S. 10: #10437639; S. 12: #18298932; S. 15: #2488546; S. 21: #21283866; S. 25: #5330935;
S. 27 #6045895; S. 28-29: #9850994; S. 31: #25609744; S. 32: #17168534; S. 33: #15848667;
S. 35: #3795389; S. 36: # 426075; S. 41: #8002260; S. 42: #5850715; S. 68 #22201349;
S. 77: #8261239; S. 86: #6779078

Alle weiteren Fotos stammen von der Autorin.

Neue Rezepte, Tipps, Bezugsquellen, Kurse, Webshop und mehr auf www.taste-of-love.de

Dort finden Sie auch weitere Bücher von Teresa-Maria Sura.